Natalie Suzanne

D1314082

Sucrez-vous
le bec...

sans sucre!

Éditions de Mortagne

Éditions
Les Éditions de Mortagne
250, boul. Industriel, bureau 100
Boucherville (Québec)
J4B 2X4

Diffusion
Tél.: (514) 641-2387
Téléc.: (514) 655-6092

Photographies
Michel Cloutier

Dépôt légal
Bibliothèque nationale du Québec
Bibliothèque nationale du Canada
4e trimestre 1992

ISBN : 2-89074-451-5

Édité précédemment sous le nom de
Pygmalion Productions Inc.
ISBN: 2-9801206-0-X (1988)
et sous le nom de
Les Éditions Pierre Derek
ISBN: 2-9801549-0-3 (1989)

1 2 3 4 5 - 92 - 96 95 94 93 92

Imprimé au Canada

À Pierre, dont l'amour,
la confiance et l'hypoglycémie
m'ont si merveilleusement aidée.

Remerciements

e remercie Marcel, mon père pour m'avoir donné, très jeune, le goût d'une alimentation saine et équilibrée; Claire et Louise pour me l'avoir fait retrouver au cours de leurs si attachants dîners; Madeleine, ma mère, mon premier professeur si plein de douceur; Marie et Manon qui, de par leur amitié (et leur gourmandise aussi...), se sont fait un devoir de goûter bien des plats; Lucie, pour son temps et sa générosité; Jacques Renaud, dont les conseils ont été si précieux; Gilles Parent, naturopathe, pour sa disponibilité et sa compétence; le docteur Roland Albert, pour son amitié et son dévouement; et Lise Tousignant, acuponctrice, pour sa patience et ses sourires...

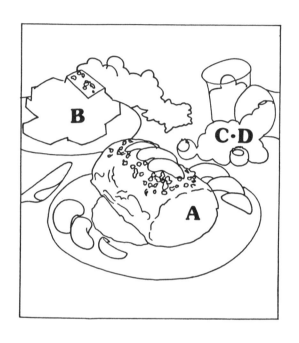

A Gâteau roulé aux pêches
Voir recette page 49.

B Brownies pour les Marie
Voir recette page 25.

C Carahuètes
Voir recette page 28.

D Caroucoco
Voir recette page 30.

Préface

Bon ou mauvais, tout commence par la faim!

a faim est avant tout une expérience sensorielle, produite par un manque relatif d'énergie sanguine et que nos centres nerveux et cérébraux enregistrent. Par la suite, toute la conduite neuro-motrice et musculaire s'évertue à remplir ce besoin qu'est la faim. Chez certains, elle est ressentie comme un état de faiblesse; chez d'autres, elle apparaît comme une réaction agressive ou encore comme un état de confusion vis-à-vis des à-propos de la vie courante.

Mais pour la satisfaire, il n'y a pas bien des façons. Il faut y répondre par l'apport de tous les nutriments. Soit, les macro-nutriments: protéines, huiles et hydrates de carbone (sucres complexes) et tous les micro-nutriments: vitamines et minéraux. Tout ceci serait dans nos repas, si l'industrie alimentaire n'avait pas raffiné les aliments. Le raffinement fait perdre aux aliments: les **fibres** qui ralentissent l'assimilation des sucres, les **protéines** qui bâtissent une fournaise aux sucres et les lipides ou huiles qui l'emprisonnent dans certaines membranes. Le raffinement des hydrates de carbone fait perdre les minéraux qui permettent d'éviter les explosions énergétiques lorsque les sucres sont brûlés dans notre foie.

La faim vient, et nous ne répondons qu'au goût des **sucreries**.

Dans le texte qui suit, personne ne peut mieux le dire que celui ou celle qui l'a vécu, ce mal-du-sucre.

En voici l'interprétation: je ressens la faim. Je cherche et consomme en abondance du sucre. Le taux de sucre monte dans le sang. Le pancréas répond et accroît le taux d'insuline. Le taux de sérotonine augmente (mal de tête, palpitations, sueurs, étourdissements). À cause de l'insuline en excès, le sucre du sang descend en bas de 60 milligrammes. Ce phénomène déclenche en nous l'état d'urgence métabolique, et les glandes surrénales entrent en action par la sécrétion d'adrénaline et de cortisone. La colère et l'impulsion grondent en nous. La rage monte. L'obsession et la compulsion s'expriment par l'ingestion du sucre tant convoité et voilà le cycle reparti.

Pourtant, un repas complet aurait donné une réponse très équilibrée à cette demande de manger. Mais où prendre le temps d'un repas complet quand le temps est de l'argent pour les matérialistes de notre époque? Où prendre le temps d'un repas complet quand le temps manque à nos ambitions effrénées? Où prendre le temps d'un repas complet quand nous fuyons un passé insuffisant à nos aspirations, pour un avenir incertain et angoissant? Où prendre le temps d'un repas complet quand nous pensons que l'amour des autres est plus important, et que nous nous oublions dans un certain amour de soi? Voilà le vrai mal du sucre, ne pas prendre le temps d'un repas complet et le temps d'un repos complet durant une nuit par jour.

Ne pas prendre le temps de faire cet effort, et ne prendre le temps que pour ce qui est facile, aisé. L'aise! Et qui cherche l'aise trouve toujours le «mal-aise».

Vous le verrez dans les lignes qui suivent. Il faut bien s'écouter, c'est vrai. Mais, il faut aussi bien se comprendre, et mieux bien «se répondre»…

Les plaisirs de la table ne valent pas la satisfaction de l'avoir bien préparé ce festin. Lisez et faites.

Dr. Roland Albert, M.D.

Introduction

À l'âge de 6 ans, sous en poche, je me précipitais déjà chez l'épicier du coin afin de choisir, narines frémissantes, quelques bonbons aux formes et aux couleurs plus qu'attrayantes. À chaque fois, c'était une fête que d'être la à les regarder, les désirer, les sentir et... les manger!

N'allez pas penser que ces visites chez l'épicier n'étaient que simple routine ou simple accident de parcours où j'étais influencée par quelque autre enfant persuasif. Oh, que non! Plus qu'un plaisir, c'était un besoin: **Il me les fallait**!...

Aujourd'hui, je me rappelle avec beaucoup de tristesse, ces jours de migraine, ces matins dépressifs et pénibles, ces soirées anxieuses et surexcitées... Comment aurais-je pu comprendre à cet âge que le sucre me tuait lentement? Mon père, un avant-gardiste que bien des gens traitaient d'excessif, m'interdisait d'en manger mais ce n'était pas suffisant; trop de facteurs me poussaient à cette consommation. Comment aurais-je pu **savoir** à une époque où la société elle-même **ignorait**. Pourtant, j'étais atteinte d'une maladie déjà fort répandue: **l'hypoglycémie.**

Pourquoi ce livre?

*L*a première fois que j'ai rencontré le naturopathe Gilles Parent, nous nous sommes parlé, à ma grande satisfaction, pendant plus de deux heures. Lorsqu'il m'a dit: «Vous êtes hypoglycémique», avec l'air d'un homme qui désirait que je sois bien consciente de la chose et que j'en mesure toute l'intensité et la portée, je me suis sentie en même temps soulagée et angoissée. Soulagée de mettre enfin le doigt sur ce qui me rendait la vie si intolérable quelquefois et angoissée à l'idée de ne plus jamais me mettre un morceau de tarte sous la dent. Me répéter «je suis hypoglycémique» fut peut-être aussi difficile que l'alcoolique qui doit un jour se dire «je suis alcoolique». Heureusement, en discutant avec Gilles Parent, j'ai découvert que j'étais loin d'être la seule. Le sucre est une drogue et un poison dont les gens ignorent les méfaits. Pourtant, les naturopathes considèrent aujourd'hui que la grande majorité des gens est hypoglycémique à une échelle plus ou moins grande. Donc, comme je n'abandonne pas facilement, je me suis dit qu'il y avait sûrement moyen de créer des desserts sans sucre qui puissent m'aider et me satisfaire. J'ai essayé, non sans peine et aux dires de mes amis qui adorent le sucre, j'ai pleinement réussi. Ce sont d'ailleurs eux qui m'ont convaincue d'écrire ce livre. Au début, j'ai pris la chose en riant, car étant avant tout animatrice de radio et télévision, je ne me voyais guère écrire un livre de recettes. Je me demande bien pourquoi aujourd'hui, car l'idée de faire profiter les autres de cette expérience me touche beaucoup. J'ai maintenant, en toute conscience, le sentiment de devoir partager ces petits secrets avec vous. Alors, que tous ceux qui m'ont demandé des recettes se lèchent les babines...

L'hypoglycémie et le diabète

«... Il n'y a probablement aucune maladie aujourd'hui qui cause une souffrance aussi généralisée, tant de mauvais rendements et de perte de temps, tant d'accidents, tant de foyers brisés et de suicides que l'hypoglycémie.»[*]

L'hypoglycémie se définit comme une diminution ou une insuffisance du taux de glucose (sucre) dans le sang. Nous avons besoin de glucose pour vivre; il est en quelque sorte notre «carburant». En effet, le cerveau n'utilise comme sucre, que le glucose pour arriver à bien fonctionner. Sans lui, rien ne va plus. Alors, me direz-vous, pourquoi ne pas manger de sucre si notre cerveau a besoin de glucose pour bien fonctionner?

Les aliments que nous mangeons peuvent se transformer en glucose; ce dernier est alors transporté par le sang afin que notre système tout entier en bénéficie. Cependant, cette transformation doit toujours s'effectuer lentement. Or donc, il est prouvé que les aliments raffinés, le sucre, la farine blanche et l'alcool se transforment trop **rapidement** dans le sang, ce qui a pour effet de changer le taux de glucose d'une manière trop rapide également.

Voici ce qui se passe lorsque vous mangez, par exemple, une tablette de chocolat: le taux de sucre monte et monte dans votre sang, ce qui a pour effet de vous donner un surplus d'énergie mais pour une courte durée. En effet, à ce moment-là votre pancréas sécrète de l'insuline qui monte et monte également dans votre sang pour essayer d'abaisser le taux de sucre beaucoup trop élevé. Malheureusement, ce taux d'insuline monte deux ou trois fois plus haut que la

---

[*] Starenkyj, Danièle. *Le mal du sucre.*

normale, car le pancréas, dû à un **trouble fonctionnel**, ne saisit pas le message qui lui permettrait d'interpréter le taux réel de sucre dans le sang et de diminuer ainsi sa production d'insuline. À quoi ce trouble fonctionnel est-il dû? À une faiblesse héréditaire qui se manifeste seule ou qui est appuyée par une mauvaise alimentation; à une mauvaise alimentation ou à un profil psychologique particulier à certaines personnes (excès intellectuels comme excès d'analyse, préoccupations obsessionnelles).

Donc, comme votre taux d'insuline ne cesse de monter, votre taux de sucre dans le sang ne cesse de baisser et c'est le drame: manque d'énergie, migraines, irritabilité, vertiges, etc. Et que faites-vous pour vous sentir mieux? Vous mangez encore une tablette de chocolat ou vous prenez un café et tout recommence... Quel stress pour un système! D'ailleurs, «les docteurs A. Hoffer, Allan Cott, A. Cheraskin et Linus Pauling ont confirmé que la maladie mentale est un mythe et que les désordres émotifs peuvent tout simplement n'être que les premiers symptômes de l'incapacité évidente du système humain à supporter le stress de la dépendance du sucre.»* Selon certains autres, l'hypoglycémie peut même causer la schizophrénie et l'alcoolisme.

Par ailleurs, chez le diabétique, le pancréas fournit un taux d'insuline qui n'est pas suffisant ou qui est mal absorbé par les tissus. Donc, contrairement à l'hypoglycémique qui possède un pancréas «trop nerveux», nous pourrions dire que le diabétique possède un pancréas «paresseux» et ce, toujours à cause d'un trouble fonctionnel. Cependant, dans les deux cas, le taux de sucre dans le sang devra être étroitement surveillé, mais je dirais que le diabétique devra

---

* Starenkyj, Danièle. *Le mal du sucre.*

être doublement vigilant car il est toujours moins facile d'augmenter l'activité d'un pancréas que de le ralentir.

De plus, il ne devra pas oublier que ses symptômes — troubles oculaires, cardio-vasculaires, rénaux, neurologiques et cutanés — risquent d'être beaucoup plus importants que chez l'hypoglycémique.

Le diabète étant une maladie extrêmement complexe, je n'entrerai pas ici dans les détails médicaux, mon but étant de ne mentionner que le fonctionnement général de cette maladie.

L'alcoolisme et l'hypoglycémie

*C*ombien d'alcooliques non actifs boivent de dix à quinze cafés par jour, fument deux paquets de cigarettes par jour ou consomment de deux à quatre grosses bouteilles de liqueurs douces par jour? Je ne saurais le dire mais il y en a énormément et le nombre d'entre eux que je connais me fait peur!...

L'association des hypoglycémiques du Québec croit que les alcooliques sont devenus alcooliques parce qu'ils étaient hypoglycémiques ou qu'ils sont hypoglycémiques à cause de l'abus de l'alcool accompagné d'une mauvaise alimentation.

Lorsqu'un alcoolique non actif fume, boit du café ou mange des sucres à assimilation rapide (sucre blanc, sucre brun, miel, mélasse, bonbons, chocolat, aliments raffinés, etc..)son pancréas nerveux secrète trop d'insuline,(il se sent mieux sur le moment) et provoque une baisse de sucre un peu plus tard (il se sent alors déprimé et angoissé). Comment peut-il alors se sentir bien psychologiquement, vivre de mieux en mieux ses vingt-quatre heures et ne pas retomber dans sa dépendance à l'alcool?

Je comprends mal que tant d'alcooliques anonymes par exemple, soient si mal renseignés à ce sujet dans le mouvement auquel ils appartiennent... Je peux vous dire que je connais personnellement quelques alcooliques qui sont allés chercher de l'information à ce sujet, qui ont changé leur alimentation du tout au tout et qui ne sont plus les mêmes aujourd'hui! J'en suis d'ailleurs très heureuse pour eux!

Il est bien évident que nous ne sommes pas tous alcooliques. Donc, si vous désirez prendre un verre d'alcool de temps à autre, ne le faites jamais à jeûn. Buvez peu et lentement en grignotant hors-d'œuvre, craquelins ou fromage en même temps. Aussi, prenez une légère collation avant de vous coucher pour éviter une baisse de sucre durant la nuit, baisse qui peut être causée par les effets prolongés de l'alcool et qui vous donnera la plus belle migraine de votre vie le lendemain matin!

La désintoxication

Certains amis ou connaissances m'ont souvent dit: «Nathalie, quand j'arrête de manger du sucre, je me sens tellement mal! J'ai mal à la tête, j'ai des sautes d'humeur, des vertiges, je n'ai plus aucune énergie... je recommence à en manger et je me sens mieux, donc ça ne doit pas être si mauvais que ça.... » Je n'ai qu'une question à poser à ce genre de réflexions: avez-vous déjà vu un narcomane qui arrête de se piquer ou un alcoolique qui arrête de boire? Ou plus près de vous, un fumeur qui arrête de fumer? Si oui, vous a-t-il semblé, le premier jour, pétant de santé?

La désintoxication est souvent pénible à cause de **l'habitude qu'a la cellule de recevoir un certain produit.** Si on le lui coupe, elle réagit en ayant un métabolisme complètement faussé. Ses réactions ne sont plus les mêmes. Une cellule sursaturée et surexcitée pendant des mois, voire même des années, a besoin de beaucoup de repos pour retrouver son équilibre normal...

Le sevrage n'est pas facile mais **possible**. Je le sais, je suis passée par cette étape. Selon le docteur Harvey Ross qui a une vaste expérience du traitement de l'hypoglycémie, 80% de l'amélioration physique et psychologique de l'hypoglycémique a lieu pendant les trois ou quatre premiers mois du «Régime». Environ six mois à un an après le début du traitement, le patient expérimente une amélioration additionnelle de 20%, ce qui l'amène généralement à changer complètement d'attitude en une année.

Naturellement, les réactions peuvent varier d'une personne à une autre. En ce qui me concerne, je peux dire que c'est la première semaine qui a été la plus difficile, en ce sens qu'elle m'a donné bien des migraines et des étourdissements.

Après cette première semaine, tout n'a pas toujours été comme sur des roulettes, mais plus le temps passe et plus je me sens mieux! Si le temps du sevrage vous semble long, pensez à toutes ces semaines, ces mois, ces années de bien-être qui vous attendent...Quoi qu'il en soit, ce sera d'abord et avant tout votre détermination qui vous permettra d'atteindre ce but.

J'aimerais tout de même vous donner quelques conseils qui sauront sûrement vous faciliter les choses: évitez les excitants comme l'alcool, le café et le tabac, buvez beaucoup d'eau, accordez-vous du repos et ne cuisinez que des desserts sans sucre; d'ailleurs, prenez trois repas équilibrés par jour et si possible, ayez toujours à portée de la main des «Carahuètes» et des «Caroucoco» (dont les recettes paraissent dans ce livre) qui donnent l'impression de manger des bonbons. Aussi, n'hésitez pas à avoir recours à la compétence d'un bon naturopathe qui saura certainement vous venir en aide. Une seule visite pourrait déjà vous éclairer énormément sur ce que vous désirez entreprendre. Au début vous pouvez également choisir de couper graduellement le sucre de votre alimentation. Certaines personnes préfèrent cette solution qui leur semble moins sévère, avant de passer définitivement à l'attaque. Lorsque le sevrage sera chose faite, vous vous sentirez tellement plein d'énergie! Mais plein d'énergie constante, d'énergie que vous goûterez et apprécierez minute après minute, au lieu d'en connaître constamment les hauts et les bas...

Le goût d'un dessert sans sucre

S'il avait été impossible de créer des desserts sans sucre qui soient bons au goût, je n'aurais jamais écrit ce livre. Croyez-moi, j'ai trop aimé le goût du sucre pour me satisfaire aujourd'hui d'un dessert quelconque. Par contre, je vous mentirais en vous affirmant que votre palais ne fera aucune différence entre ces desserts-ci et ceux que vous aviez l'habitude de déguster. Le goût se cultive et s'éduque; il se rééduque donc aussi.

La première fois que j'ai fait un dessert sans sucre, j'ai littéralement manqué mon coup. Quelle horreur... à la poubelle... Je n'ai quand même pas abandonné: j'ai essayé à nouveau, j'ai modifié, expérimenté bien des recettes. J'ai même tempesté et boudé mais aujourd'hui je crois pouvoir être fière du résultat final.

Vous les aimerez ces desserts, croyez-moi, mais donnez-vous du temps. Un jour très très prochain, tout ce qui vous paraissait normalement sucré vous fera lever le cœur et tout ce qui, aujourd'hui, ne vous paraît pas assez sucré, vous comblera. Il faut tout de même vous attendre à un changement de goût, surtout si vous affectionnez tout particulièrement la crème glacée recouverte de confiture aux fraises, qui, elle, est recouverte de chocolat, qui, lui, est recouvert de sauce à la guimauve, qui, elle, est recouverte de sauce au caramel, qui, elle, est recouverte de crème fouettée... Ouache!... Vouloir et accepter ce changement vous apportera des jours tellement plus heureux, avec vous-même et les autres...

Quelques mots sur les gâteaux

*L*es desserts sans sucre sont-ils si différents des desserts sucrés, de par leur apparence ou texture? Je dirais que non, sauf en ce qui concerne les gâteaux. J'ai donc tenu à vous donner quelques précisions afin que vous n'ayez pas l'impression d'avoir manqué votre coup, lors d'un premier essai.

Un gâteau sans sucre ne lèvera pas autant et aussi facilement qu'un gâteau sucré; sa texture sera également un peu moins légère et plus humide. Je vous donne donc ces conseils afin qu'ils ne le soient pas exagérément: ne battez jamais la pâte d'un gâteau fortement. Remuez-la tout doucement avec une spatule en «pliant» les ingrédients secs dans les ingrédients humides. Aussi, respectez toujours religieusement la dimension des moules donnée pour chaque recette. Ceux-ci pourront être légèrement plus petits mais jamais plus grands. Si vous deviez en utiliser de plus grands, faites une fois et demie la recette ou doublez-la selon la dimension de votre moule. Finalement, attendez toujours que gâteaux et muffins soient refroidis, ou à tout le moins tiédis, avant de les consommer. Dans le cas contraire, ils vous sembleront trop humides. Vous pourrez toujours, aussi paradoxal que cela puisse paraître, les faire réchauffer si désiré. Je le fais régulièrement au micro-ondes.

Voici la dimension des moules que vous devrez avoir en votre possession:

- moule rond de 20 cm (8 po) et/ou moule à tube.
- **petit** moule à pain de 22 x 11 cm (8- 1/2 x 4 -1/2 po). À ne pas confondre avec un moule à pain de grandeur standard, qui est plus grand.
- moule à muffins, anti-adhésif de préférence.

*R*ien n'est plus énervant et frustrant (surtout si vous venez tout juste de couper le sucre...) que de vouloir réaliser une recette et de ne pas avoir les ingrédients voulus sous la main. Désormais, vous ne cuisinerez plus de desserts avec sucre mais sans sucre; et des desserts santé par-dessus le marché! Les ingrédients qui les composeront seront donc quelquefois différents de ceux que vous utilisiez auparavant. Je vous donne donc ici, par ordre alphabétique, la liste de ceux que vous devrez retrouver avec joie sur vos tablettes. Posez le geste, une bonne fois pour toutes, d'acheter ce dont vous aurez besoin afin de vous inciter à cuisiner ces desserts:

❦ **Beurre d'arachide crémeux, naturel.**

❦ **Beurre doux ou demi-sel.**

❦ **Caroube:** elle est un substitut du chocolat et du cacao qui sont néfastes pour votre santé car ils sont trop excitants et irritants. La caroube comporte 50% de sucres naturels et 7 à 8% de protéines. Elle existe sous forme de poudre et de brisures (capuchons).

❦ **Extrait d'amande**
     d'érable
     de noix de coco
     de vanille.

❦ **Farine blanche non blanchie:** moins raffinée que la farine blanche ordinaire, elle est moins dommageable pour la santé mais peut toujours être remplacée par la farine de blé entier, surtout si vous êtes en début de contrôle.

- 🐦 **Farine de blé entier à pâtisserie.**

- 🐦 **Farine d'avoine ordinaire et à cuisson rapide.**

- 🐦 **Fruits en conserve non sucrés: pêches et poires.**

- 🐦 **Fruits frais:** bananes, bleuets, cantaloups, framboises, melons de miel, pêches, poires et kiwis.

- 🐦 **Fruits surgelés non sucrés:** bleuets et framboises.

- 🐦 **Fruits séchés (dattes, pruneaux et raisins):**
  Si votre organisme les tolère difficilement, choisissez une recette qui n'en contient pas, coupez-les de moitié ou omettez-les lorsque la recette contient déjà des produits sucrés comme la caroube, les jus de fruit et les fruits. De plus, lorsqu'une recette contient un mélange d'eau et de raisins secs, vous pouvez omettre les raisins et remplacer l'eau par un jus de fruit non acide comme les jus de poire, pêche, pomme, pruneau et de la passion.

- 🐦 **Huile de tournesol pressée à froid.**

- 🐦 **Jus de fruits sans sucre:** de la passion (Oasis), de pomme et concentré de jus d'orange.

- 🐦 **Levure chimique (poudre à pâte):** les levures chimiques contiennent des ingrédients dangereux comme la chaux et l'alun et trop de sodium. Dans les marchés d'alimentation en vrac ou naturelle, vous trouverez de la levure chimique **sans alun**, ce qui est plus acceptable.

Vous pourriez également faire cette recette:
60 ml (1/4 t.) de bicarbonate de potassium
125 ml (1/2 t.) de crème de tartre
125 ml (1/2 t.) de poudre de marante.

🍒 **Noix de coco non sucrée.**

🍒 **Noix de Grenoble.**

🍒 **Noix de pin chinoises ou espagnoles:** en vente dans les marchés d'alimentation en vrac.

🍒 **Pommes rouges ou jaunes délicieuses:** elles sont naturellement plus sucrées qu'une autre. En cuisant, elles ne développeront donc pas un goût trop amer ou acide.

🍒 **Poudre de coriandre:** excellent substitut de la cannelle. C'est un aromate et non pas une épice comme la cannelle et la muscade que j'emploie avec parcimonie car elles sont plus irritantes pour le système.

🍒 **Poudre de marante:** employée à la place de la fécule de maïs (corn starch) pour épaissir les liquides. Racine séchée d'une plante tropicale qu'on met en poudre, elle est riche en minéraux et en calcium. On peut, au pis-aller, la remplacer par la fécule de maïs.

🍒 **Yogourt nature.**

Où trouver les bons ingrédients

Vous trouverez les ingrédients moins familiers comme la farine blanche non blanchie et la caroube, dans les magasins d'aliments naturels ou dans les marchés d'alimentation en vrac. Ces derniers sont, par contre, plus compétitifs au niveau des prix. Cependant, si vous choisissez justement les marchés d'alimentation en vrac, soyez vigilants car certains d'entre eux ne sont pas toujours très hygiéniques. Magasinez aussi, car les prix varient incroyablement d'un endroit à l'autre. Vous comprendrez qu'il m'est impossible de vous donner ici le nom de tous ceux qui existent dans la province, mais je peux toutefois vous donner ce conseil : si vous n'en connaissez aucun, demandez des informations autour de vous ; il se trouvera certainement quelqu'un pour vous aider car ces marchés sont de plus en plus populaires.

... et maintenant,

sucrez-vous le bec...

sans sucre!

Bouquet de Muesli fruité

Un mets fort coûteux... en Suisse! Vous le servez au petit déjeuner comme au dîner... à votre gré!

Pour 4 personnes

*250 ml (1 t.) de Muesli *
250 ml (1 t.) de lait
500 ml (2 t.) d'eau
*300 ml (1-1/4 t.) de fruits frais au choix (fraises, bleuets, · framboises, poires, pêches, melons de miel) ***

🍂 Dans une casserole moyenne, amenez le lait et l'eau à ébullition. Ajoutez le Muesli en remuant bien afin qu'il n'y ait pas de grumeaux. Réduisez la chaleur et faites mijoter le tout 5 minutes.

🍂 Faites tiédir la préparation à la température de la pièce et réfrigérez-la. Lorsqu'elle est froide, ajoutez du lait – environ 125 ml (1/2 t.) – jusqu'à ce qu'elle soit un peu moins consistante qu'un pouding au riz.

🍂 Choisissez 1 ou 2 fruits parmi ceux mentionnés. Coupez-les en morceaux et ajoutez la moitié de ceux-ci au Muesli. Passez l'autre moitié des fruits au mélangeur électrique afin d'obtenir un coulis. Vous devrez, selon les fruits choisis, ajouter plus au moins d'eau.

🍂 Servez le Muesli très frais avec le coulis et un peu de crème légère si vous pouvez vous le permettre!

* Le Muesli est un mélange d'avoine, de graines de tournesol, de noix d'acajou, de raisins secs (très peu) et de germe de blé. Vous le trouverez dans les marchés d'aliments naturels.
** Je choisis presque toujours les fraises, les framboises ou les bleuets. Exquis avec le Muesli!

Brownies pour les Marie

Bon à papilloter des yeux…!

195 g (7 onces) de brisures de caroube *
75 ml (1/3 t.) de beurre
75 ml (1/3 t.) de raisins secs **
75 ml (1/3 t.) d'eau bouillante
2 œufs
5 ml (1 c. à thé) d'essence de rhum ou de vanille
125 ml (1/2 t.) de farine de blé entier à pâtisserie
2,5 ml (1/2 c. à thé) de levure chimique (poudre à pâte)
sans alun *
75 ml (1/3 t.) de noix de Grenoble émiettées

❧ À feu très doux, faites fondre les brisures de caroube et le beurre.

❧ Pendant ce temps, faites tremper les raisins dans l'eau bouillante et passez le tout au mélangeur électrique.

❧ Faites tiédir la caroube et le beurre fondu et ajoutez les œufs un à un. Ajoutez ensuite le mélange de raisins et l'essence de rhum ou de vanille.

❧ Tamisez ensemble la farine et la levure chimique et incorporez-les au premier mélange, en ayant soin de bien remuer. Ajoutez les noix.

❧ Faites cuire à 190° C (375 ° F) 15 minutes dans un moule huilé de 20 x 20 cm (8" x 8").

*   Voir la liste des ingrédients au début du livre.
**   Voir «fruits séchés» dans la liste des ingrédients au début du livre.

Note : Si vous désirez des brownies plus épais, faites une fois et demie la recette. Aussi, ne les faites jamais trop cuire. Les bons brownies ont toujours une texture un peu humide. Si le lendemain ils sont trop secs, c'est qu'ils sont trop cuits.

Caf' Muffins

Bon comme un bon café qu'on aurait soi-même préparé... sans caféine comme invitée...

Pour 8 muffins

175 ml (3/4 t.) de lait
75 ml (1/3 t.) de raisins secs *
15 ml (1 c. à soupe) de café soluble décaféiné
15 ml (1 c. à soupe) d'eau chaude
1 œuf
75 ml (1/3 t.) d'huile de tournesol pressée à froid
5 ml (1 c. à thé) de vanille
175 ml (3/4 t.) de farine de blé entier à pâtisserie
175 ml (3/4 t.) de farine blanche non blanchie **
45 ml (3 c. à soupe) de poudre de caroube **
10 ml (2 c. à thé) de levure chimique (poudre à pâte)
sans alun **
75 ml (1/3 t.) d'amandes effilées

🍎 Dans un petit chaudron, chauffez la moitié du lait sur un feu moyen ou au micro-ondes. **Ne le faites pas bouillir.** Lorsqu'il est très chaud, réduisez la chaleur, ajoutez les raisins secs et gardez le tout au chaud 10 minutes. Après ce temps, passez-le au mélangeur électrique (blender) si vous en possédez un, sinon laissez-le comme tel.

🍎 Laissez tiédir dans un bol moyen et ajoutez l'autre moitié de lait.

🍎 Faites dissoudre le café dans l'eau chaude et ajoutez-le au mélange de lait et de raisins. Remuez bien.

🍎 Ajoutez ensuite, l'œuf, l'huile, la vanille et mélangez bien à nouveau.

🍎 Dans un autre bol, mélangez la farine, la poudre de caroube, la levure chimique et les amandes effilées.

🍎 Incorporez la préparation sèche à la préparation humide en la pliant délicatement avec une spatule. Ne battez pas trop.

🍎 Remplir des moules à muffins huilés au trois-quarts et faites cuire à 200° C (400 ° F) 20 minutes ou jusqu'à ce qu'un cure-dent inséré dans la pâte en ressorte propre.

* Voir «fruits séchés» dans la liste des ingrédients au début du livre.

* * Voir la liste des ingrédients au début du livre.

Carahuètes

Bouchées de caroube et beurre d'arachides

***Rien comme une carahuète pour
vous donner un coup de fouet!
Essayez donc ça quand ça ne va pas, au lieu
d'une grosse tablette de chocolat!***

Pour 25 bouchées

*175 ml (3 / 4 t.) beurre d'arachide naturel
60 ml (1 / 4 t.) de brisures de caroube non sucrées **
*500 ml (2 t.) de céréales «Shredded Wheat»
grossièrement émiettées
75 ml (1 / 3 t.) de noix de pin chinoises ou espagnoles
natures ***
60 ml (1 / 4 t.) de raisins secs ***

*125 ml (1 / 2 t.) de brisures de caroube
15 ml (1 c. à soupe) de paraffine (facultatif mais
préférable)*

- À feu très doux, faites fondre la caroube et le beurre
  d'arachides en remuant constamment.

- Retirez le tout de la source de chaleur et ajoutez le reste
  des ingrédients. Placez-les au congélateur 15-20 minutes.

- Prenez 15 ml (1 c. à soupe) du mélange à la fois et formez
  de petites boules avec le creux de votre main. Vous
  devriez pouvoir en faire vingt-cinq. Placez-les au
  congélateur ou au réfrigérateur jusqu'à ce qu'elles soient
  très fermes.

Une fois les bouchées refroidies, faites fondre 125 ml (1/2 t.) de brisures de caroube et 15 ml (1 c. à soupe) de paraffine dans un petit poêlon, à feu très doux. À l'aide d'un cure-dent, plongez chaque bouchée dans la caroube. Si celle-ci vous semble trop épaisse, ajoutez de la paraffine.Laissez bien égoutter, déposez sur un papier ciré et enlevez le cure-dent. N'oubliez pas de laisser le poêlon sur le feu pendant toute la durée de l'opération. Conservez au réfrigérateur.

*   Voir la liste des ingrédients au début du livre.

**   En vente dans les marchés d'alimentation en vrac.On peut au pis-aller les remplacer par des noix d'acajou ou de grenoble.

*** Voir «fruits séchés» dans la liste des ingrédients au début du livre.

Caroucoco

Bouchées à la noix de coco
Cacaroucoco, Paloma!...

Pour 25 bouchées

250 ml (1 t.) de lait
1 oeuf
*60 ml (1/4 t.) de raisins secs **

*60 ml (1/4 t.) de beurre d'arachides naturel, sans sucre ni
sel ajoutés*
425 ml (1 2/3 t.) de noix de coco râpée sans sucre

*125 ml (1/2 t.) de brisures de caroube non sucrées ***

*15 ml (1 c. à soupe) de paraffine (facultatif, mais
préférable)*

- À feu moyen, faites mijoter le lait, l'oeuf et les raisins 6
  minutes en brassant de temps à autre.

- Retirez le poêlon du feu et ajoutez la noix de coco ainsi
  que le beurre d'arachides. Mélangez bien. Placez au
  congélateur 15-20 minutes.

- Formez de petites boules avec 1 cuillère à soupe du
  mélange à la noix de coco, en vous servant du creux de
  votre main. Vous devriez être capable d'en faire vingt-
  cinq.

❦ Réfrigérez jusqu'à ce que les bouchées soient bien fermes.

❦ Une fois les bouchées refroidies, faites fondre la caroube et la paraffine à feu très doux dans un très petit poêlon, en ayant soin de remuer souvent.

❦ Piquez les bouchées avec un cure-dent et trempez-les dans la caroube. Si celle-ci vous semble trop épaisse, ajoutez de la paraffine. Laissez bien égoutter et déposez-les sur un papier ciré. Il n'est pas nécessaire que la caroube recouvre la bouchée jusqu'au cure-dent. Laisser un petit cercle sur le dessus de la bouchée n'est que plus décoratif. Conservez ces bouchées au réfrigérateur car elles sont meilleures lorsqu'elles en sortent directement!

*   Voir «fruits séchés» dans la liste des ingrédients au début du livre.

**   Voir la liste des ingrédients au début du livre.

Carrés aux dattes Madeleine

Comme ceux de ma mère... ou presque!
Les dattes étant très sucrées,
ne consommer ces carrés qu'en petites quantités,
une ou deux fois par année...

Pour 12 carrés

*425 ml (1-3/4 t.) de dattes sans noyau ***
250 ml (1 t.) d'eau
5 ml (1 c. à thé) de vanille
425 ml (1 3/4 t.) de farine de blé entier à pâtisserie
425 ml (1 3/4 t.) de farine d'avoine ordinaire (gruau)
5 ml (1 c. à thé) de levure chimique (poudre à pâte)
*sans alun ****
125 ml (1/2 t.) + 15 ml (1 c. à soupe) d'huile de tournesol
pressée à froid

Faites mijoter l'eau et les dattes à feu doux et à découvert jusqu'à consistance épaisse. Ajoutez la vanille.

Mélangez bien les ingrédients secs, ajoutez l'huile et mélangez à nouveau.

Pressez la moitié du mélange d'avoine dans le fond d'un moule huilé de 20 x 20 cm (8" x 8"). Étendez-y la préparation de dattes et couvrez du reste du mélange d'avoine en pressant légèrement sur le dessus.

Cuire dans un four à 180° C (350° F) 35 minutes.

*   Voir «fruits séchés» dans la liste des ingrédients au début du livre.
**   Voir la liste des ingrédients au début du livre.

Chaussons Coco

Alléchants et mignons, grand bien vous feront...

12 chaussons

Pâte:

500 ml (2 t.) de farine de blé entier à pâtisserie
125 ml (1/2 t.) de beurre doux ou demi-sel
2 ml (1/2 c. à thé) de levure chimique (poudre à pâte)
sans alun *
75 ml (1/3 t.) d'eau froide

Garniture:

175 ml (3/4 t.) de crème légère
45 ml (3 c. à soupe) de concentré de jus d'orange
375 ml (1 1/2 t.) de noix de coco non sucrée
15 ml (1 c. à soupe) de beurre
1 ml (1/4 c. à thé) d'extrait de noix de coco
2 jaunes d'oeuf battus

🐛 Préparez la pâte. Si vous n'en avez jamais fait, suivez les instructions données pour la pâte brisée à la page 60 . Rérigérez-la 1 heure.

🐛 Pour préparer la garniture, mélangez dans une casserole moyenne la noix de coco, la crème et le concentré de jus d'orange. Cuisez le tout sur feu doux en remuant constamment. Faites mijoter 1 ou 2 minutes.

🍎 Retirez le mélange du feu, ajoutez le beurre, l'extrait de noix de coco et les jaunes d'oeuf. Battez vigoureusement et laissez refroidir.

🍎 Pendant ce temps, abaissez la pâte sur une planche enfarinée et découpez-la en cercle d'environ 10 cm (4 po) de diamètre en vous aidant d'un emporte-pièce ou d'un bol renversé. Abaissez de nouveau le reste de la pâte.

🍎 Déposez environ 22 ml (1-1/2 c. à soupe) de garniture sur la moitié du rond et repliez l'autre moitié sur la première. Appuyez sur les bords de la pâte avec une fourchette pour bien fermer le chausson.

🍎 Déposez-les sur une plaque à biscuits légèrement huilée. À l'aide d'un pinceau, enduisez-les très légèrement de jaunes d'oeuf battus, piquez-les au centre avec une fourchette et faites-les cuire à 215° C (425° F) sur la grille du bas 15 minutes ou jusqu'à ce que la pâte soit dorée.

*   Voir la liste des ingrédients au début du livre.

Compote de pêches maison

D'une simplicité enfantine...à faire aussi avec des nectarines...

6 pêches
30 ml (2 c. à soupe) d'eau

🍑 Lavez et asséchez les pêches. Coupez-les en petites tranches et déposez-les, de même que l'eau, dans une casserole moyenne. Faites mijoter, à couvert, une dizaine de minutes.

🍑 Lorsque les pêches sont cuites, enlevez le liquide de cuisson mais conservez-le. À l'aide d'un pilon, réduisez les pêches en purée. Si vous préférez une compote plus crémeuse, passez-les au mélangeur électrique en vous servant du liquide de cuisson pour obtenir la texture désirée. Conservez le reste du liquide si vous désirez faire ultérieurement une sauce aux pêches (recette page 76).

Compote de pommes maison

À tomber dans les pommes, je préfère encore qu'elles soient de moi...

*4 pommes rouges ou jaunes délicieuses de grosseur moyenne ***
30 ml (2 c. à soupe) d'eau
1 ou 2 pruneaux dénoyautés**

🍎 Pelez et coupez les pommes en tranches ou en petits morceaux. Ajoutez les autres ingrédients. Faites-les mijoter à feu doux et à couvert une quinzaine de minutes ou jusqu'à ce que les pommes soient tendres.

🍎 Lorsqu'elles le sont, retirez-les du feu et mesurez leur liquide de cuisson.

🍎 Vous devriez normalement en avoir au moins 60 ml (1/4 t.). Si ce n'est pas le cas, ajoutez un peu d'eau.

🍎 Écrasez les pommes avec un pilon et ajoutez 45-60 ml (3-4 c. à soupe) du liquide de cuisson. N'oubliez pas qu'en refroidissant la compote épaissira.

🍎 Si par contre, vous désirez une compote plus lisse, plus crémeuse, passez-la au mélangeur électrique avec environ 30 ml (2 c. à soupe) de liquide. Ne la liquéfiez pas trop, vous pourrez toujours le faire en temps voulu selon l'usage que vous voudrez en faire. Ce livre, par exemple, contient des recettes qui demandent tantôt une compote épaisse, tantôt une compote plus claire.

*   Voir la liste des ingrédients au début du livre.
**   Voir «fruits séchés» dans la liste des ingrédients au début du livre.

Coupe de fruits pour mes amis

Elle a remporté la coupe de fruits !...

Pour 4 personnes

250 ml (1 t.) de farine d'avoine à cuisson rapide, non cuit
125 ml (1/2 t.) de crème 35%
375 ml (1-1/2 t.) de fruits frais * ou surgelés entiers
15 ml (1 c. à soupe) de lait
30 ml (2 c. à soupe) de raisins trempés dans l'eau
pendant 1/2 heure

Coupez les fruits en morceaux ni trop petits, ni trop gros. Mesurez-les afin d'avoir la quantité requise.

Ajoutez-les à l'avoine et remuez bien. Incorporez la crème, le lait et les raisins égouttés. Remuez de nouveau et servez immédiatement dans des coupes de fruits.

Ne préparez surtout pas ce mets à l'avance. Coupez vos fruits avant que vos invités n'arrivent et placez-les au réfrigérateur. Le moment venu, il ne restera plus qu'à procéder au mélange des 4 ingrédients, ce qui ne vous prendra que quelques secondes.

*   Choisissez-en quelques-uns parmi ceux-ci, de préférence : bleuets, cantaloups, poires, kiwis, melons de miel, fraises, framboises, raisins verts sans pépin. Évitez les bananes et les fruits plus acides comme l'orange et l'ananas.

Fondue aux brisures de caroube

Sensualité et fraîcheur seront à l'honneur!...

30 ml (2 c. à soupe) de raisins secs *
75 ml (1/3 t.) de crème légère **
225 g (1/2 lb) de brisures de caroube ***
15 ml (1 c. à soupe) de concentré de jus d'orange

Fruits frais:
raisins sans pépins, poires, pêches, nectarines, mangues, ananas, pommes, fraises, bananes.

Amandes effilées
Noix de coco non sucrée
Noix de Grenoble hachées
Noix d'acajou
Noix de pin chinoises ou espagnoles ***

🐛 Dans un petit poêlon, chauffez la crème et les raisins. Ne les faites pas bouillir. Gardez au chaud 5-10 minutes et passez le tout au mélangeur électrique (blender).

🐛 Remettre le mélange sur feu doux, ajoutez les brisures de caroube et le concentré de jus d'orange et remuez jusqu'à ce que la caroube soit fondue.

🍎 Versez le mélange dans un plat à fondue gardé au chaud.

🍎 Dans une assiette placée devant chaque convive, déposez des fruits frais, de la noix de coco et différentes noix (à votre choix).

> *   Voir «fruits séchés» dans la liste des ingrédients au début du livre.
>
> **   Si le mélange vous semble trop épais, en ajouter davantage.
>
> ***   Voir la liste des ingrédients au début du livre.

Gâteau aux bananes

Un singe l'a goûté; il en a redemandé...

2 oeufs
50 ml (1/4 t.) de beurre non salé fondu
50 ml (1/4 t.) d'huile de tournesol pressée à froid
2 grosses bananes écrasées
500 ml (2 t.) de farine de blé entier à pâtissserie
10 ml (2 c. à thé) de levure chimique (poudre à pâte) sans alun *
50 ml (1/4 t.) de yogourt nature
50 ml (1/4 t.) de lait
5 ml (1 c. à thé) de vanille

75 ml (1/3 t.) de noix de Grenoble (facultatif)
75 ml (1/3 t.) de raisins secs (facultatif)**

🍎 Fouettez les oeufs à la main. Incorporez le beurre, l'huile et les bananes écrasées. Mélangez bien.

🍎 Tamisez les ingrédients secs et ajoutez-les alternativement au mélange avec le yogourt, le lait et la vanille. Terminez par les ingrédients secs en évitant de trop battre. Utilisez de préférence une spatule et pliez la pâte entre chaque addition.

🍎 Faites cuire dans un moule rond de 20 cm (8 pouces) ou un petit moule à pain de 22 X 12 cm (8-1/2 " X 4-1/2 ") à 190° C (375 °F) pendant 25 minutes ou jusqu'à ce qu'un cure-dent inséré au centre de la pâte en ressorte propre.

*   Voir la liste des ingrédients au début du livre.
**   Voir «fruits séchés» dans la liste des ingrédients au début du livre.

Gâteau «Île du Paradis»

*Si un jour vous vous retrouvez à
Paradise Island, regardez bien haut...
Encore plus haut... Jusqu'aux noix de coco!
Et attention à la vôtre! Encore heureux que
je puisse vous l'écrire aujourd'hui!...*

1 oeuf
60 ml (1/4 t.) de beurre non salé fondu
60 ml (1/4 t.) d'huile de tournesol pressée à froid
ou
125 ml (1/2 t.) de l'un des deux
125 ml (1/2 t.) de yogourt nature

50 ml (1/4 t.) de lait
5 ml (1 c. à thé) de vanille
250 ml (1 t.) de noix de coco râpée non sucrée
1 grosse banane

125 ml (1/2 t.) de farine blanche non blanchie *
150 ml (2/3 t.) de farine de blé entier
75 ml (1/3 t.) de caroube en poudre *
7 ml (1-1/2 c. à thé) de levure chimique (poudre à pâte)
sans alun *
2 ml (1/2 c. à thé) de coriandre en poudre

🍎 Mélangez bien les 8 premiers ingrédients.

🍎 Tamisez les ingrédients secs au-dessus de ce mélange et
remuez doucement à l'aide d'une spatule. Évitez de trop
battre.

🍎 Versez dans un petit moule à pain huilé et enfariné de 22 X 12 cm (8-1/2 " X 4-1/2 "). Faites cuire à 180° C (350° F) 45-50 minutes ou jusqu'à ce qu'un cure-dent inséré au centre en ressorte propre.

🍎 Succulent, servi avec une sauce crémeuse aux pommes (recette page 77) ou à défaut d'une compote de pommes en conserve dans laquelle on ajoute un peu d'eau ou de lait.

*   Voir la liste des ingrédients au début du livre.

Gâteau «poil de carotte»

Comment oublier le préféré de tous?...

125 ml (1/2 t.) d'huile de tournesol pressée à froid
3 oeufs
5 ml (1 c. à thé) de vanille
250 ml (1 t.) de farine de blé entier à pâtisserie
125 ml (1/2 t.) de farine blanche non blanchie *
7 ml (1-1/2 c. à thé) de levure chimique (poudre à pâte) sans alun *
500 ml (2 t.) de carottes râpées
125 ml (1/2 t.) de noix de Grenoble
75 ml (1/3 t.) de raisins secs **
250 ml (1 t.) d'ananas broyés non sucrés en conserve, bien égouttés ***

🍎 Dans un bol moyen et à l'aide d'un fouet, battez bien l'huile, les oeufs et la vanille. Au dessus du bol, tamisez ensemble la farine et la levure chimique. Pliez délicatement le mélange avec une spatule.

🍎 Incorporez les carottes, les ananas égouttés, les noix et les raisins secs. Pliez le mélange à nouveau. Ne brassez pas trop.

🍎 Versez la pâte dans un moule rond de 20 cm (8 pouces) ou un moule à tube. Faites cuire 15 minutes à 190° C (375 °F) et à 180 ° C (350 ° F) 35 minutes de plus. Vous pouvez également en faire des muffins. Cuisez-les alors à 200 ° C (400 ° F) 20 minutes.

🍎 Laissez refroidir ce gâteau avant de le déguster; sinon, il vous semblera trop humide et non cuit. Vous pouvez toujours le réchauffer par la suite si désiré.

🍎 Servez-le avec la sauce à l'ananas (recette page 75)

*   Voir la liste des ingrédients au début du livre.

**   Voir «fruits séchés» dans la liste des ingrédients au début du livre.

***   Conservez le jus pour la sauce à l'ananas.

Gâteau
pour la fête de Pierre

(caroube, poires et anis)

Une fête n'est jamais une fête, sans ces quelques douceurs qui font parfois perdre la tête!...

250 ml (1 t.) de poires en purée (3-4 poires)
50 ml (1/4 t.) de beurre doux fondu
50 ml (1/4 t.) d'huile de tournesol pressée à froid
2 oeufs
5 ml (1 c. à thé) de liqueur d'anis

250 ml (1 t.) de farine de blé entier à pâtisserie
125 ml (1/2 t.) de farine blanche non blanchie *
10 ml (2 c. à thé) de levure chimique (poudre à pâte) sans alun *
125 ml (1/2 t.) de poudre de caroube *
75 ml (1/3 t.) d'amandes effilées

250 ml (1 t.) de crème 35%
2 poires
2,5 ml (1/2 c. à thé) de liqueur d'anis

🍎 Enlevez le coeur des poires, coupez-les en morceaux sans enlever leur pelure et passez-les au mélangeur électrique afin de les réduire en purée.

🍎 Transvidez-les dans un bol moyen et ajoutez le beurre fondu, l'huile, les oeufs et la liqueur d'anis. Mélangez bien le tout.

🍎 Au·dessus du bol, tamisez ensemble, la farine et la levure chimique. Avant de remuer le tout, ajoutez la poudre de caroube et les amandes. À l'aide d'une spatule pliez délicatement les ingrédients secs dans les ingrédients humides, tout juste pour les mélanger. Évitez de trop battre.

🍎 Huilez et enfarinez un moule rond de 20 cm (8 pouces). Versez-y la pâte et faites cuire à 190° C (375° F) 30 à 40 minutes, ou jusqu'à ce qu'un cure-dent inséré au centre de la pâte en ressorte propre.

🍎 Laissez refroidir le gâteau afin de pouvoir le couper en deux horizontalement. Plus le gâteau sera froid, plus cette opération sera facile. Je vous suggère donc de le laisser au réfrigérateur quelque temps.

🍎 Une fois le gâteau coupé, enlevez le coeur des 2 poires, coupez·les en petits morceaux et disposez·les au·dessus de la moitié de gâteau.

🍎 Fouettez la crème et l'anis. Étendez un peu moins de la moitié sur les poires. Replacez la première moitié du gâteau sur la deuxième, et finissez de le glacer avec le reste de la crème. Décorez avec quelques brisures de caroube.

*   Voir la liste des ingrédients au début du livre.

Gâteau roulé

Vous roulez et vous imaginez... Que ce soit pour Noël, une fête d'amis ou quelques invités, vous le farcissez à ce que vous voulez.

Pour 6 personnes

125 ml (1/2 t.) d'eau
60 ml (1/4 t.) de raisins secs *

3 blancs d'oeuf
3 jaunes d'oeuf

175 ml (3/4 t.) de farine blanche non blanchie * * ou de blé entier ou un mélange des deux
4 ml (3/4 c. à thé) de levure chimique (poudre à pâte) sans alun **

🍎 Faites mijoter l'eau et les raisins quelques minutes à feu doux ou au micro-ondes.

🍎 Pendant ce temps, montez les blancs d'oeuf en neige ferme.

🍎 Dans un autre bol, battez les jaunes d'oeuf.

🍎 Passez les raisins et 45 ml (4 c. à soupe) de leur eau de cuisson au mélangeur électrique et incorporez-les aux jaunes d'oeuf. Mélangez bien. Transvidez le tout dans les blancs d'oeuf et mélangez à nouveau très doucement.

🍎 Tamisez la farine et la levure chimique. Versez le mélange humide dessus et pliez très délicatement avec une spatule.

🍎 Mettez un papier ciré au fond d'un moule huilé de 30 X 20 cm (12" X 8") et, de préférence, vaporisez-le légèrement d'enduit végétal. Etendez bien la pâte sur toute la surface du moule et faites-la cuire à 180° C (350° F) 20 minutes.

🍎 Lorsque le gâteau est cuit, attendez 2 minutes et retournez-le sur un linge à vaisselle que vous aurez mouillé et tordu. Enlevez alors le papier ciré et roulez-le dans le linge. Laissez refroidir, déroulez-le et fourrez-le de la garniture préférée ***. Roulez à nouveau.

*   Voir «fruits séchés» dans la liste des ingrédients au début du livre.

**   Voir la liste des ingrédients au début du livre.

***   Voir les recettes suivantes dans ce livre: gâteau roulé aux bleuets, gâteau roulé aux pommes, gâteau roulé aux pêches.

Tarte aux bleuets
Voir recette page 87.

Chaussons Coco
Voir recette page 33.

Gâteau «poil de carotte»
Voir recette page 43.

Carrés aux dattes Madeleine
Voir recette page 32.

Tarte aux pommes délicieuses
Voir recette page 82.

Tarte aux fruits chéris pour Silvie
Voir recette page 80.

Gâteau roulé aux bleuets

300 ml (1-1/4 t.) de bleuets
*175 ml (3/4 t.) de crème 35% ***
2 ml (1/2 c. à thé) de vanille

Fouettez la crème et la vanille. Incorporez les bleuets dans la moitié de la crème. Fourrez le gâteau. Glacez-le avec le reste de la crème.

* Pour un plat diététique, omettez la crème et fourrez le gâteau avec des bleuets que vous aurez fait cuire à feu doux et à couvert une quinzaine de minutes afin d'en faire une compote.

Gâteau roulé aux pêches

Remplacez les bleuets de la recette ci-dessus par 3 ou 4 pêches.

Gâteau roulé aux pommes

Remplacez les bleuets de la recette ci-dessus par 250 ml (1 t.) de compote de pommes maison épaisse (recette page 35) et 60 ml (1/4 t.) de beurre de pommes. * Remplacez la vanille par de l'extrait d'érable, si désiré.

* En vente dans certains marchés d'alimentation en vrac.

Glaçage aux bleuets

125 ml (1/2 t.) de bleuets
30 ml d'eau
125 g (4 onces) de fromage à la crème

Faites mijoter les bleuets et l'eau 5 minutes. Passez les bleuets et le fromage à la crème au mélangeur électrique (blender) en ajoutant l'eau de cuisson graduellement, jusqu'à consistance voulue.

Glaçage aux dattes et à la caroube

6 dattes dénoyautées
60 ml (1/4 t.) d'eau
125 g (4 onces) de fromage à la crème
10 ml (2 c. à thé) de poudre de caroube

Faites mijoter les dattes et l'eau, à couvert, une dizaine de minutes. Passez-les, sans leur eau de cuisson, au mélangeur électrique (blender). Ajoutez le fromage, la caroube et l'eau graduellement jusqu'à consistance voulue. Mélangez parfaitement.

Glaçage aux poires, à la caroube et à la menthe

🍎 Procédez de la même façon que pour la «sauce à la caroube et à la menthe» (recette page 77) avec ces quelques corrections: ne mettez pas de lait et ne mettez que 60 ml (4 c. à soupe) de purée de poires.

Glaçage aux pommes

🍎 Procédez de la même façon que pour le «glaçage aux bleuets» (recette page 50) en remplaçant les bleuets par une pomme rouge délicieuse *.

*　　　Voir la liste des ingrédients au début du livre.

Muffins au son et germe de blé

De quoi faire faire bien
des «steppettes» à un athlète!...

125 ml (1/2 t.) de beurre demi-sel ou non salé
2 œufs
500 ml (2 t.) de farine de blé entier à pâtisserie

125 ml (1/2 t.) de son naturel*
125 ml (1/2 t.) de germe de blé
ou
250 ml (1 t.) de son naturel

10 ml (2 c. à thé) de levure chimique (poudre à pâte)
sans alun *
300 ml (1 1/4 t.) de raisins verts sans pépin **
175 ml (3/4 t.) de jus de pomme non sucré
80 ml (1/3 t.) de yogourt nature
60 ml (1/4 t.) de raisins secs ou dattes ***

❧ Dans un bol moyen, défaites le beurre en crème. Ajoutez les œufs et battez avec un fouet afin de bien mélanger.

❧ Dans un autre bol, tamisez la farine et la poudre à pâte. Ajoutez le son et le germe de blé en mélangeant bien le tout.

52

🍎 Passez les raisins verts au mélangeur électrique afin d'obtenir 150 ml (2/3 t.) de jus de raisins. Ajoutez-y le jus de pomme et le yogourt.

🍎 À la préparation de beurre et d'œufs, ajoutez les ingrédients secs en alternant avec les ingrédients liquides. Débutez et terminez par les ingrédients secs en trois fois, en ayant soin de plier doucement le mélange avec une spatule entre chaque addition. Ne pas trop battre. Incorporez les raisins secs ou dattes à la fin de l'opération. Déposez le mélange dans des moules à muffins et faites cuire à 200° C (400° F) 25 minutes ou jusqu'à ce qu'un cure-dent inséré au centre de la pâte en ressorte propre. Donne 12 muffins.

* En vente dans les marchés d'alimentation naturelle ou en vrac.

** À défaut de raisins verts ou de mélangeur, employez 275 ml (1 1/8 t.) de jus de raisins non sucré, ou la même quantité de jus de pomme ou un mélange des deux. On peut également employer du melon de miel.

*** Voir «fruits séchés» dans la liste des ingrédients au début du livre.

Muffins aux bleuets

**Nul besoin d'habiter le ^{la}c Saint-Jean
pour se les mettre sous la dent!**

*2 œufs
75 ml (1 /3 t.) d'huile de tournesol pressée à froid
250 ml (1 t.) de bleuets frais ou surgelés entiers non
sucrés
150 ml (2/3 t.) de lait
250 ml (1 t.) de farine blanche non blanchie*
250 ml (1 t.) de farine de blé entier à pâtisserie
10 ml (2 c. à thé) de levure chimique (poudre à pâte)
sans alun **
125 ml (1 / 2 t.) de bleuets frais ou surgelés*

🍎 Mélangez bien les œufs et l'huile de tournesol.

🍎 Passez les bleuets (250 ml) et le lait au mélangeur
électrique et incorporez cette purée au premier mélange.
Remuez bien.

🍎 Prenez 60 ml (1/4 t.) de la quantité de farine donnée pour
la recette et mélangez-la aux bleuets restants.

🍎 Tamisez le reste de la farine et la levure chimique au-
dessus des ingrédients humides, en remuant doucement
avec une spatule. Ajoutez les bleuets enfarinés et
continuez à remuer le mélange de la même façon. Évitez
de trop battre. Faites cuire à 200° C (400° F) 25 minutes.
Donne 8 muffins.

*   Voir la liste des ingrédients au début du livre. Vous
       pouvez n'employer que de la farine de blé si désiré.

**   En vente dans les magasins d'aliments naturels ou en
       vrac.

Muffins aux pommes

T'auras pas ta pomme, t'auras pas ta pomme...

2 œufs
80 ml (1 /3 t.) d'huile de tournesol pressée à froid
250 ml (1 t.) de compote de pommes maison ou en conserve non sucrée *
60 ml (1/4 t.) de raisins secs **

425 ml (1-3/4 t.) de farine de blé entier à pâtisserie
7.5 ml (1-1/2 c. à thé) de poudre à pâte sans alun ***
1 ml (1/4 c. à thé) de piment de la Jamaïque (allspice)

Mélangez bien les 4 premiers ingrédients. Par ailleurs, mélangez bien également les ingrédients secs et incorporez-les doucement à la préparation humide en ayant soin de ne pas trop brasser. Remplissez les moules huilés et faites cuire à 200° C (400° F) pendant 25 minutes ou jusqu'à ce qu'un cure-dent inséré au centre en ressorte propre. Démoulez et laissez refroidir sur une grille. Donne 10 muffins.

*   Voir recette page 36. Si vous employez une compote en conserve, utilisez seulement 175 ml (3/4 t.). La compote maison
devra avoir été passée au mélangeur électrique et être assez
épaisse.

**   Voir «fruits séchés» dans la liste des ingrédients au début du
livre.

***   Voir la liste des ingrédients au début du livre.

Muffins aux pruneaux

Besoin de fer et de potassium? Il faut vous en régaler avant de tomber dans les pommes...

250 ml (1 t.) de lait
125 ml (1/2 t.) de pruneaux hachés *
75 ml (1/3 t.) de jus de pruneaux non sucré
250 ml (1 t.) de farine d'avoine ordinaire (gruau)

2 œufs
75 ml (1/3 t.) d'huile de tournesol pressée à froid
5 ml (1 c. à thé) de vanille
500 ml (2 t.) de farine de blé entier à pâtisserie
15 ml (1 c. à soupe) de levure chimique (poudre à pâte) sans alun **

🍎 À feu doux ou au micro-ondes, faites mijoter le jus, les pruneaux et le lait 2-3 minutes. Retirez-les du feu et ajoutez la farine d'avoine en remuant bien. Laissez en attente une quinzaine de minutes en remuant de temps à autre.

🍎 Dans un autre bol, battez les œufs, l'huile et la vanille. Incorporez-les au premier mélange.

🍎 Par ailleurs, mélangez bien la farine et la levure chimique et incorporez-les au mélange humide en remuant très doucement avec une spatule. Évitez de trop remuer.

🍎 Remplissez des moules à muffins huilés à ras bord et faites cuire à 200° C (400° F) pendant 20 minutes ou jusqu'à ce qu'un cure-dent inséré au centre de la pâte en ressorte propre. Donne 12 muffins.

*   Voir «fruits séchés» dans la liste des ingrédients au début du livre.
**   Voir la liste des ingrédients au début du livre.

Muffins Élysabeth

Croquants sous la dent, ils sont assez surprenants... légèrement beurrés ils vous séduiront au petit déjeuner...

2 œufs
75 ml (1 /3 t.) de beurre fondu ou d'huile pressée à froid

150 ml (2/3 t.) de lait
ou
75 ml (1/3 t.) de lait et
75 ml (1/3 t.) de jus de la passion non sucré (Oasis) ou de jus de pomme non sucré

15 ml (1 c. à thé) de vanille

*250 ml (1 t.) de farine blanche non blanchie ***
*250 ml (1 t.) de céréales «Red River» ****
*30 ml (2 c. à thé) de levure chimique (poudre à pâte) sans alun ***

1 pomme rouge ou jaune délicieuse râpée

❦ Dans un bol moyen, mélangez bien les œufs, le beurre ou l'huile, le liquide et la vanille.

❦ Dans un autre bol, mélangez les ingrédients secs et ajoutez-les au premier mélange. Remuez doucement afin de bien incorporer les ingrédients secs aux ingrédients humides. Ajoutez la pomme râpée et remuez de nouveau.

 Versez la pâte dans des moules à muffins légèrement huilés en ayant soin de les remplir aux trois-quarts. Faites cuire à 200° C (400° F) 20 minutes ou jusqu'à ce qu'un cure-dent inséré au centre de la pâte en ressorte propre. Donne 8 à 10 muffins.

*   Voir la liste des ingrédients au début du livre.

**   La céréale «Red River» a un goût très particulier que mes amis ont beaucoup aimé. Elle est composée de blé concassé, de seigle et de lin. Idéale contre l'irrégularité, elle vous plaira sûrement. Non disponible partout, vous la trouverez cependant dans la plupart des supermarchés ou dans les marchés d'alimentation en vrac.

Pain «adoré»

Pour un petit déjeuner enflammé
ou un brunch qui a du punch...

175 ml (3 / 4 t.) de lait
15 ml (1 c. à soupe) de raisins secs *

2 œufs
1 ml (1 /4 c. à thé) d'extrait d'érable ou de vanille

4 tranches de pain de blé entier
sauce aux pommes crémeuse (recette page 77)

🍂 Dans une petite casserole, faites chauffer le lait et les raisins. Lorsqu'ils sont sur le point d'entrer en ébullition, réduisez la chaleur et laissez-les au chaud 5-10 minutes. Ne les faites pas bouillir. Vous pouvez également effectuer cette opération au four micro-ondes.

🍂 Passez le lait et les raisins au mélangeur électrique (blender) jusqu'à ce que ceux-ci soient bien broyés. Ajoutez les œufs et l'extrait d'érable ou de vanille et battez quelques secondes de plus. Transférez le tout dans un bol moyen.

🍂 Faites chauffer, à feu moyennement élevé, une poêle anti-adhésive. Passez les tranches de pain dans le mélange d'œufs et de lait et faites-les dorer des deux côtés. Mettez-les dans un plat de service, beurrez-les très légèrement si désiré et arrosez-les de sauce aux pommes crémeuse. Servez très chaud.

*   Voir «fruits séchés» dans la liste des ingrédients au début du livre.

Pâte brisée

(2 croûtes)

Ce n'est pas la pâte qui vous roulera cette fois, mais bien vous qui la roulerez en toute gaieté!

250 ml (1 t.) de farine de blé à pâtisserie
*250 ml (1 t.) de farine blanche non blanchie ***
150 ml (2/3 t.) de margarine poly insaturée
ou beurre non salé
65 ml (4-1/2 c. à soupe) d'eau froide environ

🍎 À l'aide d'un couteau à pâte ou de deux couteaux, coupez la graisse dans la farine jusqu'à ce qu'elle ait environ la grosseur d'un pois. Versez l'eau graduellement en remuant la préparation au moyen d'une fourchette. Finissez en pétrissant légèrement avec les mains et façonnez en boule. Si la pâte a la consistance voulue, elle devrait vous coller aux mains. Si elle vous semble trop sèche ajoutez un peu d'eau graduellement. Réfrigérez 1 heure. Si le temps vous manque, placez la pâte une quinzaine de minutes au congélateur.

🍎 La congélation semble améliorer la saveur et la texture de la pâte brisée crue. Aussi, je vous recommande de doubler ou de tripler cette recette pour en avoir toujours sous la main. Faites-la congeler sous forme de baguette plutôt qu'en boule. Elle décongelera plus rapidement ainsi. Donne 2 croûtes de 23 cm. (9 pouces)

* Voir la liste des ingrédients au début du livre. On peut aussi remplacer cette farine par de la farine de blé entier à pâtisserie.

Petites douceurs au caroube

Vous les aimerez, rien qu'à les regarder...
À Pâques, ne vous les faites pas voler
par quelques lapins affamés...

Pâte:

175 ml (3/4 t.) de farine de blé entier à pâtisserie
175 ml (3/4 t.) de farine blanche non blanchie *
125 ml (1/2 t.) de caroube en poudre *
150 ml (2/3 t.) de beurre demi-sel
90 ml (1/3 t + 1 c.à soupe) de crème sure

Garniture:

625 ml (2 -1/2 t.) de brisures de caroube *
75 ml (1/3 t.) de crème légère
60 ml (1/4 t.) de beurre doux ou demi-sel
30 ml (2 c. à soupe) de concentré de jus d'orange
2 jaunes d'œuf
5 ml (1 c. à thé) de vanille
2.5 ml (1/2 c. à thé) d'extrait de rhum (facultatif)

🌰 Pour préparer la pâte, mélangez la farine et la caroube dans un bol moyen. À l'aide d'un coupe-pâte ou de 2 couteaux, coupez le beurre dans ce mélange, jusqu'à ce qu'il ait la grosseur d'un pois. Ajoutez la crème sure et formez une boule. Divisez la pâte en quatre parties égales et réfrigérez-la 1-1/2 heure.

🍎 Pour préparer la garniture, faites fondre, à feu très très doux, les brisures de caroube avec la crème, le beurre et le concentré de jus d'orange. Battez les jaunes d'œuf, réchauffez-les avec quelques gouttes de caroube fondue et incorporez-les à la préparation. Ajoutez la vanille et l'extrait de rhum. Laissez refroidir le tout à la température de la pièce.

🍎 Sur une planche enfarinée, abaissez chaque quart de pâte en carrés de 20 cm (8 pouces) de côté. Piquez-les partout et faites·les cuire, sur la grille du bas, 7 minutes à 200° C (400° F). Transférez-les délicatement sur une grille pour les faire refroidir.

🍎 Dans un moule de 20 cm (8 pouces), disposez alternativement une rangée de pâte et une rangée de garniture. Réfrigérez avant de servir et conservez au réfrigérateur. Coupez en carrés.

* Voir la liste des ingrédients au début du livre.

Petits gâteaux fraîcheur

Aussi frais que la menthe quand elle nous tente!...

175 ml (3/4 t.) de lait
75 ml (1/3 t.) de raisins secs *
1 œuf
75 ml (1/3 t.) d'huile de tournesol pressée à froid
2 ml (1/2 c. à thé) d'extrait de menthe
175 ml (3/4 t.) de farine de blé entier à pâtisserie
150 ml (2/3 t.) de farine blanche non blanchie **
60 ml (1/4 t.) de caroube en poudre
7 ml (1-1/2 c. à thé) de levure chimique (poudre à pâte)
sans alun **

🍃 Dans un petit chaudron, faites chauffer la moitié du lait et les raisins secs. Ne les faites pas bouillir. Réduisez la chaleur et tenez-les au chaud une dizaine de minutes. Passez le tout au mélangeur électrique (blender). Laissez ensuite tiédir et ajoutez le reste du lait, l'huile, l'œuf, l'extrait de menthe et mélangez bien.

🍃 Dans un bol moyen, mélangez la farine, la poudre de caroube, la levure chimique et le bicarbonate de soude.

🍃 Incorporez les ingrédients secs aux ingrédients humides en remuant juste assez pour mélanger. Évitez de battre.

🍃 Huilez légèrement des moules à muffins et remplissez-les de la pâte aux trois quarts. Faites cuire à 200° C (400° F) 20 minutes ou jusqu'à ce qu'un cure-dent inséré au centre de la pâte en ressorte propre.

🍃 Servir avec la sauce aux poires, à la caroube et à la menthe. (recette page 77) Donne 8 petits gâteaux.

* Voir «fruits séchés» dans la liste des ingrédients au début du livre.
Voir la liste des ingrédients au début du livre.

Poires crème Louise

(4 personnes)

**Un vrai péché pour les amoureux de la crème.
À censurer!...**

4 demi-poires fraîches ou 4 demi-poires en conserve
75 ml (1/3 t.) de crème 35%
30 ml (2 c. à soupe) de brisures de caroube
1 blanc d'œuf
3 gouttes d'extrait de menthe (facultatif)

❧ Beurrez un plat moyen à four ou 4 petits individuels. *

❧ Déposez-y les poires et faites-les cuire 10 minutes à
200° C (400° F).

❧ Pendant ce temps, montez le blanc d'œuf en neige bien
ferme avec l'extrait de menthe.

❧ Sortez les poires du four, baissez la température à 180° C
(350° F). Arrosez-les de crème et déposez le blanc d'œuf
sur le dessus. Enfournez à nouveau lorsque la température voulue est obtenue et faites cuire 10 minutes.

❧ Après ce temps, jetez les brisures de caroube sur le
dessus et cuisez encore 2 minutes. Servez
immédiatement.

---

*   Je préfère pour ma part les petits plats individuels en pyrex.
L'effet est plus joli devant chaque convive. C'est également
plus facile à servir. Pour les gourmands, vous pouvez toujours
vous servir de deux plats individuels...

Pommes au four ou au micro-ondes

2 personnes

«One apple a day, keeps the "docteur" away»...

2 pommes rouges ou jaunes délicieuses (de préférence) *
10 ml (2 c. à thé) de raisins secs **
20 ml (4 c. à thé) de noix de Grenoble
20 ml (4 c. à thé) d'eau
2 noisettes de beurre

🍎 À l'aide d'un évide-pomme, enlevez le cœur des pommes. Gardez le cœur ainsi obtenu, coupez-en un tout petit bout à la base et placez ce petit bout au fond de la pomme. Si vous ne possédez pas d'évide-pomme, essayez cet exploit à la main ou enlevez tout simplement le cœur en omettant le reste...

🍎 Déposez les pommes dans un plat allant au four ou au micro-ondes. Remplissez-les de raisins et de noix. Versez l'eau tout autour et plaçez sur chacune d'elles une très petite noisette de beurre.

🍎 Mode de cuisson au four: cuire à 180° C (350° F) 20 minutes ou jusqu'à ce que les pommes soient tendres.

🍎 Mode de cuisson au four micro-ondes: cuire à découvert et à élevé (100%) 4-6 minutes ou jusqu'à tendreté.

*   Voir la liste des ingrédients au début du livre.

**   Voir «fruits séchés» dans la liste des ingrédients au début du livre.

Pommes Manon

(Croustade aux pommes)
6 personnes

Entre 2 solos de trompette, à peine essoufflée,
elle tombait dans les pommes...

125 ml (1/2 t.) d'eau
60 ml (1/4 t.) de raisins secs * Sultana ou autres **
5 pommes rouges ou jaunes délicieuses de grosseur
moyenne ***
7 ml (1 1/2 c. à thé) de farine blanche non blanchie**
2 ml (1/2 c. à thé) de coriandre
250 ml (1 t.) de farine de blé entier à pâtisserie
250 ml (1 t.) de farine d'avoine ordinaire (gruau)
2 ml (1/2 c.à thé) de levure chimique (poudre à pâte)
sans alun *****
75 ml (1/3 t.) d'huile de tournesol pressée à froid

🍂 Faites mijoter doucement l'eau et les raisins 7 à 8 minutes, à découvert. Passez-les au mélangeur électrique.

🍂 Pendant ce temps, pelez et tranchez les pommes. Disposez-les dans un moule ou une assiette à tarte beurré de 23 cm (9 pouces) assez profonde ou un moule carré de 20 cm X 20 cm (8" X 8"). Saupoudrez-les de farine de coriandre et ajoutez le mélange d'eau et de raisins que vous aurez préalablement passé au mélangeur électrique.

🍂 Dans un bol, mélangez bien la farine, le gruau et la levure chimique. Ajoutez l'huile et remuez bien avec une fourchette ou les mains.

🍎 Recouvrez les pommes de ce mélange et faites cuire à 180° C (350° F) 35 minutes. Servez avec une crème légère, les jours de Fête seulement!

*   Voir «fruits séchés» dans la liste des ingrédients au début du livre.

**   Si on omet les raisins, ajoutez simplement l'eau sur les pommes.

***   L'emploi d'une autre sorte de pommes rendra ce mets plus amer, plus acide. Voir la liste des ingrédients au début du livre.

****   Voir la liste des ingrédients au début du livre.

Pommes mousseuses

2 personnes

Qui vous a dit de vous priver?
Vous pourrez même exagérer...

2 pommes rouges délicieuses *
0,5 ml (1/8 c. à thé) de poudre de coriandre
15 ml (1 c. à soupe) d'eau
Un soupçon de cannelle

1 blanc d'œuf
2 gouttes d'extrait d'amande

- Pelez et coupez les pommes. Déposez-les dans un petit chaudron. Ajoutez l'eau, la coriandre et la cannelle. Faites mijoter le tout à feu doux une quinzaine de minutes.

- Retirez les pommes du feu et passez-les au mélangeur électrique en ajoutant de leur eau de cuisson graduellement jusqu'à ce que la purée ne soit ni trop liquide, ni trop épaisse. Ajoutez l'extrait d'amande.

- Montez le blanc d'œuf en neige bien ferme et pliez-le dans la purée. Servir bien froid.

*   Voir la liste des ingrédients au début du livre.

Pouding aux pommes

4-6 personnes

C'est «pomme» mauvais du tout, du tout...

5 pommes rouges ou jaunes délicieuses *
2 ml (1/2 c. à thé) de poudre de coriandre
2 œufs
125 ml (1/2 t.) d'huile de tournesol pressée à froid
175 ml (3/4 t.) de farine de blé entier à pâtisserie ou un
mélange de farine de blé entier
et de farine blanche non blanchie*
5 ml (1 c. à thé) de levure chimique (poudre à pâte)
sans alun *

🍎 Pelez et tranchez les pommes. Déposez-les, de même que
la coriandre, dans un moule huilé de 20 X 20 cm (8" X 8").

🍎 Fouettez les œufs et l'huile quelques secondes.

🍎 Tamisez la farine et la poudre à pâte et ajoutez la vanille.

🍎 Étendez la pâte délicatement et uniformément sur les
pommes même si la quantité vous semble petite.

🍎 Cuire à 180° C (350° F) 25 minutes et à 120° C (250° F)
15 minutes. Si désiré, servir avec un peu de crème légère.

*Voir la liste des ingrédients au début du livre.

Purée de pommes à la meringue

2 personnes

Elle tenterait Blanche Neige...

2 pommes rouges ou jaunes délicieuses *
0,5 ml (1/8 c. à thé) de poudre de coriandre
15 ml (1 c. à soupe) d'eau

15 ml (1 c. à soupe) de noix de Grenoble
10 ml (2 c. à thé) de raisins secs **

2 blancs d'œuf
2 gouttes d'extrait d'amande

🍎 Pelez et et coupez les pommes en morceaux dans un petit chaudron. Ajoutez la coriandre et l'eau. Couvrez et faites cuire à feu doux 15 minutes. Retirez de la source de chaleur et réduisez les pommes en purée avec un pilon. Ajoutez ou enlevez l'eau de cuisson selon la consistance désirée. Ajoutez les noix et les raisins secs. Remuez bien.

🍎 Montez les blancs d'œuf en neige bien ferme avec l'extrait d'amande.

🍎 Divisez les pommes en 2 parties égales et mettez-les dans 2 petits plats individuels allant au four.

🍎 Recouvrez des blancs d'œuf battus et faites cuire à 180° C (350° F) 10 minutes.

* Voir la liste des ingrédients au début du livre.
** Voir «fruits séchés» dans la liste des ingrédients au début du livre.

Riz orangé au coulis fruité

Un mets à la saveur et aux couleurs tropicales,
créé pendant la merveilleuse saison estivale...

*125 ml (1/2 t.) de riz blanc à grains courts ***
425 ml (1 3/4 t.) de lait
*15 ml (1 c. à soupe) de raisins secs ****
15 ml (1 c. à soupe) de concentré de jus d'orange
2 ml (1/2 c. à thé) de vanille
Un soupçon de muscade

60 ml (1/4 t.) de crème fouettée

500 ml (2 t.) de melon de miel coupé en morceaux
15 ml (1c. à soupe) de concentré de jus d'orange

Fruits. En choisir 2 ou 3 parmi cette liste:

Bleuets frais ou surgelés non sucrés
Pêches fraîches ou en conserve non sucrées
Melons de miel
Cantaloups
Framboises
Poires
Kiwis
Nectarines

🍃 Lavez bien le riz et laissez-le égoutter dans une passoire.

🍃 Passez les raisins et une partie du lait au mélangeur électrique (blender).

71

❦ Versez le tout dans une casserole moyenne et ajoutez le reste du lait, le beurre, la vanille et la muscade. Amenez à ébullition et ajoutez le riz. Baissez le feu et faites mijoter doucement à couvert une trentaine de minutes ou jusqu'à ce que le riz soit cuit et qu'il reste environ 75 ml (1/3 t.) du liquide de cuisson. Si, à la fin de la cuisson, il ne reste pas assez de liguide, ajoutez du lait. Laissez refroidir et mélangez avec la crème fouettée. Si le mélange vous semble trop sec (il doit être crémeux mais bien se tenir), c'est qu'il ne restait pas assez de liquide de cuisson et que vous n'avez pas ajouté assez de lait. Rectifiez.

❦ Passez le melon et le concentré de jus d'orange au mélangeur électrique.

❦ Séparez le riz en 4 portions égales. Avec une cuillère à crème glacée, dressez-le au centre de chaque assiette. Versez le coulis de melon tout autour du riz et parsemez le coulis de petits morceaux de fruits en calculant environ 60-75 ml (1/4-1/3 t.) par personne.

*   Je préfère ce riz qui donne une texture plus crémeuse au dessert. Par contre, vous pouvez toujours employer un riz à grains longs ou un riz brun.

**   Voir «fruits séchés» dans la liste des ingrédients au début du livre.

Salade de fruits jolie, jolie, jolie

6 personnes

Salade de fruits jolie, jolie, jolie, tu plais à mon père, tu plais à ma mère... Salade de fruits, jolie, jolie, jolie, il faudra bien qu'un jour ou l'autre, on se marie...

1/4 de melon de miel (gros)
1/2 cantaloup (moyen)
1 banane (moyenne)
2 kiwis
1 pomme rouge ou jaune délicieuse *
125 ml (1/2 t.) de bleuets (en saison)
125 ml (1/2 t.) de pêches et/ou de poires en conserve non sucrées ou fraîches
125 ml (1/2 t.) de yogourt ou plus (jusqu'à la texture désirée) ou 60 ml (1/4 t.) de crème sure
30 ml (2 c. à soupe) de concentré de jus d'orange
75 ml (1/3 t.) de noix de Grenoble hachées
75 ml (1/3 t.) de raisins secs **

🍏 À l'aide d'une cuillère spéciale, faites de petites boules avec le melon de miel et la cantaloup. Déposez-le dans un bol moyen.

🍏 Coupez la banane et les kiwis en tranches. Recoupez chacune des tranches en quatre. Ajoutez-les au melon de miel et au cantaloup.

73

🍎 Évidez la pomme et coupez-la en petits morceaux ou en fines lanières. Coupez les pêches et/ou les poires en morceaux et ajoutez le tout aux autres fruits. Réfrigérez dans une eau citronnée.

🍎 Dans un petit bol, mélangez bien le yogourt ou la crème sure et le concentré de jus d'orange jusqu'à ce que ce dernier soit bien fondu. Ajoutez les noix et les raisins.

🍎 Au moment de servir, égouttez les fruits et mélangez-les bien à cette préparation. Servez frais, avec quelques gouttes d'extrait de rhum, si désiré.

*   Voir la liste des ingrédients au début du livre.

**   Voir «fruits séchés» dans la liste des ingrédients au début du livre.

Sauce à l'ananas

***Une sauce à manger... sans blague? oui,
et sans le «guilty bag»!...***

125 g de fromage à la crème ferme
75 ml (1/3 t.) de jus d'ananas
*75 ml (1/3 t.) de raisins secs ***
30 ml (3 c. à soupe) de lait

🍎 Dans un petit chaudron ou au micro-ondes, faites
chauffer le jus d'ananas et les raisins secs. Lorsqu'ils
sont sur le point d'entrer en ébullition, réduisez la
chaleur et laissez-les au chaud 10 minutes. Ne les faites
pas bouillir.

🍎 Passez le tout au mélangeur électrique une trentaine de
secondes. Ajoutez le fromage et le lait jusqu'à ce que la
sauce soit lisse et homogène. Réfrigérez. En refroidissant,
la sauce aura toujours tendance à épaissir. Vous n'aurez
qu'à ajouter un peu de lait afin d'avoir la consistance
désirée.

*   Voir «fruits séchés» dans la liste des ingrédients au début du
      livre.

Sauce aux bleuets

🐛 Faites mijoter, à couvert, 250 ml (1 t.) de bleuets et 30 ml (2 c. à soupe) d'eau pendant 10 minutes. Passez le tout au mélangeur électrique (blender) avec plus ou moins de liquide de cuisson ou d'eau selon la texture désirée.

Sauce aux pêches

🐛 Remplacez les bleuets de la recette ci-dessus par 3 ou 4 pêches. Vous pouvez également employer des nectarines.

Sauce aux poires, à la caroube et à la menthe

75 ml (7 c. à soupe) de poires en purée
60 ml (1/4 t.) de brisures de caroube
125 g (4 onces) de fromage à la crème
90 ml (8 c. à soupe) de lait
4 gouttes d'extrait de menthe

🍎 Dans une petite casserole, faites fondre les brisures de caroube à feu très doux en remuant fréquemment.

🍎 Pendant ce temps, passez 1/2 poire ou plus au mélangeur électrique afin d'en obtenir une purée. Lorsque la caroube est fondue, laissez la casserole sur le feu et versez 75 ml (5 c. à soupe) de purée de poire dessus. Remuez bien.

🍎 Transvidez le tout dans le mélangeur électrique avec le fromage, le lait et l'extrait de menthe.

🍎 Réfrigérez. Une fois refroidie, la sauce épaissira. Vous n'aurez qu'à ajouter un peu de lait jusqu'à ce que vous ayez la consistance désirée. Cependant, si vous désirez la servir chaude, ce qui peut être excellent sur certains desserts, évitez de remettre du lait avant de la chauffer.

Sauce crémeuse aux pommes

🍎 Préparez une compote de pommes maison (recette page 35). Passez la compote au mélangeur électrique et ajoutez du lait jusqu'à consistance voulue.

Tarte à la noix de coco

*Légère et succulente, elle ne fera jamais
osciller la balance... si vous n'avez pas les yeux
plus grand que la panse...*

Pâte:

125 ml (1/2 t.) de farine de blé à pâtisserie
*125 ml (1/2 t.) de farine blanche non blanchie ***
75 ml (1/3 t.) de graisse végétale
37 ml (2 1/2 c. à soupe) d'eau froide

Garniture:

125 ml (1/2 t.) de jus de la passion non sucré (Oasis)
375 ml (1-1/2 t.) de lait
*75 ml (1/3 t.) de raisins secs****
150 ml (2/3 t.) de noix de coco non sucrée
15 ml (1 c. à soupe) de beurre
2 ml (1/2 c. à thé) de vanille
*2 ml (1/2 c. à thé) d'extrait de noix de coco (facultatif mais
préférable)*
4 œufs battus

🍎 Préparez la pâte. Si vous n'en avez jamais fait, suivez les
instructions pour la pâte brisée à la page 60. Réfrigérez-la.

🍎 Pendant ce temps, préparez la garniture; dans une casserole moyenne, chauffez le lait, le jus et les raisins juste au-dessous du point d'ébullition. Baissez le feu et gardez au chaud 5 minutes. Passez les raisins au mélangeur électrique (blender) avec juste assez de lait et de jus chauds pour bien les broyer. Remettez-les dans la casserole avec le reste du lait et du jus. Ajoutez le beurre.

🍎 Dans un bol moyen, battez les œufs et mélangez-les bien à la noix de coco, la vanille et l'extrait de noix de coco. Incorporez le liquide chaud et remuez le tout.

🍎 Abaissez la pâte. Foncez une assiette à tarte de 23 cm (9 pouces), versez la garniture et faites cuire sur la grille du bas à 200° C (400° F) 25 minutes. Laissez refroidir quelques heures avant de servir.

*   Voir la liste des ingrédients au début du livre.

**   Voir «fruits séchés» dans la liste des ingrédients au début du livre.

Tarte aux fruits chéris pour Silvie

Sensible au charme que vous exercez sur vos invités?
Cette merveille, une fois de plus,
vous en fera profiter...

Croûte à tarte:

*375 ml (1-1/2 t.) de farine blanche non blanchie ***
125 ml (1/2 t.) de graisse végétale ou de beurre doux
1 ml (1/4 c. à thé) de levure chimique (poudre à pâte)
*sans alun ***
50 ml (3 1/2 c. à soupe) d'eau froide environ

Crème pâtissière:

300 ml (1 1/4 t.) de lait
*175 ml (3/4 t.) de jus de la passion non sucré ****
3 jaunes d'œuf
*20 ml (4 c. à thé) de poudre de marante (arrow root) ***
ou de «corn starch»
5 ml (1 c. à thé) de vanille
30 ml (2 c. à soupe) de concentré de jus d'orange non
sucré

Fruits:

Kiwis, raisins verts sans pépin, poires, pêches, bleuets,
nectarines

🍎 Préparez une croûte à tarte épaisse avec les ingrédients donnés.

🍎 Faites cuire la croûte 20 minutes à 200° C (400° F) et 20 minutes à 180° C (350° F) dans une assiette à tarte assez creuse de 22 cm (9 pouces) en ayant soin de couper la pâte 3 cm (1 pouce) plus large que l'assiette afin qu'elle ne rétrécisse pas trop en cuisant. Pliez cet excédent de pâte sur le rebord en pressant bien et comme vous le feriez pour un rebord de pantalon. Si la pâte rétrécit inégalement, n'ayez crainte, la crème et les fruits cacheront cette légère imperfection. Ayez quand même soin de bien la piquer partout avec une fourchette.

🍎 Dans un chaudron, mélangez le jus de la passion, le lait, la poudre de marante et les jaunes d'œuf. Faites cuire le mélange à feu moyen en le brassant jusqu'à ce qu'il commence à bouillir. Faites bien attention de ne pas laisser cette crème coller au fond du chaudron. Lorsqu'elle commence à bouillir, baissez le feu et faites-la mijoter deux minutes. Retirez-la du feu et ajoutez la vanille, ainsi que le concentré de jus d'orange.

🍎 Laissez refroidir la crème et versez-la dans la croûte refroidie. Garnissez le dessus de fruits frais ou non sucrés en conserve. Je vous ai donné ci-dessus la liste de ceux que j'emploie habituellement. Vous pouvez en choisir d'autres mais faites attention de ne pas les choisir parmi ceux qui sont trop acides, comme les fraises et les oranges.

*   Voir la liste des ingrédients au début du livre.

**   Ou la même quantité de jus de pêche et de poire si vous employez des fruits en conserve.

Tarte aux pommes délicieuses

Il a bien eu raison de la croquer, vous dirait Ève...

1 recette de pâte brisée (page 60) *
4 à 5 pommes rouges ou jaunes délicieuses **
2,5 ml (1/2 c. à thé) de poudre de coriandre
5 ml (1 c. à thé) de farine blanche non blanchie ***
lait

🍎 Préparez la pâte brisée et abaissez-en un peu plus de la moitié pour garnir le fond d'une assiette à tarte de 23 cm (9 pouces).

🍎 Pelez et tranchez les pommes. Mélangez-les avec la coriandre et la farine et déposez le tout au fond de l'abaisse.

🍎 Roulez la seconde abaisse et placez-la sur les pommes en joignant bien les bords. Pratiquez une ouverture au centre et décorez la tarte à votre guise avec les restes de la pâte. Si vous n'avez pas d'emporte-pièce pour décorer, je vous suggère ceci : roulez les restes de la pâte en une longue bande étroite. À l'aide d'un couteau enfariné, coupez la bande de façon à ce qu'elle ait environ 3 cm (1 pouce) de large par 20 cm (8 pouces) de long. Une fois la bande bien définie, coupez-la en diagonale à tous les 3 cm. (1 pouce) afin d'obtenir 8 losanges de formes identiques. Au milieu de chaque losange, tracez de petites lignes à la pointe du couteau, afin d'imiter les rainures d'une feuille. Placez-les en cercle sur la tarte à environ 5 cm (2 pouces) du bord. Pour finir, badigeonnez cette dernière de lait en évitant les bords.

🍎 Faites cuire sur la grille du bas à 200° C (400° F) pendant 15 minutes, réduisez la température à 180° C (350° F) et cuisez encore 30 à 35 minutes.

*   Si désiré, ajoutez à la pâte 175 ml (3/4 t.) de fromage cheddar doux râpé, avant de mettre l'eau.

**   Si vous utilisez une autre sorte de pommes,attendez vous à ce que la tarte ait un goût plus amer, ce qui n'est pas toujours souhaitable. N'utilisant pas de sucre, vous devez choisir des pommes qui sont très sucrées naturellement, ce qui est le cas des pommes rouges ou jaunes délicieuses.

***   En vente dans les marchés d'alimentation naturelle ou en vrac. À défaut d'en avoir, vous pouvez toujours utiliser une farine de blé.

Tarte aux pêches

🍎 Remplacez les pommes par 6 à 8 pêches et doublez la quantité de farine contenue dans la tarte.

Tarte aux pommes santé à basses calories

Il est toujours très agréable, mais très rare,
de pouvoir savourer une pointe de tarte
sans trop faire de culpabilité:
avec celle-ci, vous pourrez...

250 ml (1 t.) de farine d'avoine ordinaire (gruau)
75 ml (4 c.à soupe) de farine de blé entier
60 ml (1/4 t.) de germe de blé
*2 ml (1/2 c. à thé) de poudre de coriandre ***
un soupçon de cannelle et de muscade
45 ml (3 c. à soupe) de beurre fondu ou d'huile de
tournesol pressée à froid

*4 pommes rouges ou jaunes moyennes ***

2 œufs
150 ml (2/3 t.) de lait

2 ml (1/2 c. à thé) d'extrait d'érable (de préférence)
ou
5 ml (1 c. à thé) d'extrait de vanille

🍎 Dans un bol moyen, mélangez bien les 5 premiers
ingrédients. Ajoutez le beurre fondu ou l'huile et
mélangez bien le tout à nouveau. Pressez-le dans une
assiette à tarte de 23 cm (9 pouces).

❦ Pelez, évidez et tranchez les pommes. Recouvrez-en le fond de tarte, en les plaçant de préférence, en forme de cercle.

❦ Battez bien les œufs, le lait et l'extrait d'érable ou de vanille. Versez cette préparation sur les pommes.

❦ Faites cuire 15 minutes à 200° C (400° F). Abaissez la température à 150° C (300° F) et faites cuire 25 minutes de plus. Cuire sur la grille du bas.

*   Voir la liste des ingrédients au début du livre.

La tarte de Claire à ma façon

(Tarte aux poires)

**Si vos invités ont un faible pour les tartes,
ils vous feront regretter de ne pas en avoir fait d'eux...
pardon !... deux !**

*4 dattes hachées très finement
125 ml (1/2 t.) de beurre mou non salé
3 œufs
7 ml (1-1/2 c. à thé) de vanille
0,5 ml (1/8 c. à thé) d'essence d'amande
250 ml (1 t.) de farine de blé entier à pâtisserie
3 poires fraîches
Jus de citron
75 ml (1/3 t.) d'amandes effilées*

🍎 Battez les 5 premiers ingrédients au fouet pendant quelques minutes ou mieux encore, au batteur électrique.

🍎 Ajoutez la farine et mélangez bien.

🍎 Versez la pâte dans un moule rond beurré et enfariné de 24 cm (9-1/2"), 3 cm (1-1/4") ou plus de profondeur. À l'aide d'une spatule, étendez la pâte également au fond du moule. Ne soyez pas surpris si la quantité de pâte vous semble petite!

- Pelez les poires, enlevez le cœur et coupez chacune d'entre elles en 6 tranches. Posez-les légèrement sur la pâte en formant un cercle à environ 3 cm (1" 1/4) du bord de la tarte. Remplissez le centre avec 1 ou 2 tranches de poires coupées en petits morceaux.

- À l'aide d'un pinceau, badigeonnez légèrement les poires de jus de citron pour éviter qu'elles ne noircissent. Parsemez le dessus d'amandes effilées.

- Cuire 40 minutes à 190° C (375° F). Servir à la température de la pièce ou chaude. Si le cœur vous en dit, laissez couler quelques petits filets de caroube fondue sur la tarte déjà cuite et refroidie.

Tarte aux bleuets

- Remplacez les poires par environ 375 ml (1-1/2 t.) de bleuets frais ou surgelés que vous déposerez sur la pâte en laissant à celle-ci une bordure de 3cm. (1 po 1/4).

Tarte érable et noix

Une tarte qui sent bon la cabane à sucre...
sans ce dernier, avec lequel il ne faut
pas toujours compter...

375 ml (1 1/2 t.) de lait
125 ml (1/2 t.) de jus de la passion non sucré (Oasis)
60 ml (1/4 t.) de raisins secs*

75 ml (1/3 t.) de graisse végétale
125 ml (1/2 t.) de farine blanche non blanchie **
125 ml (1/2 t.) de farine de blé à pâtisserie
37 ml (2-1/2 c. à soupe) d'eau froide environ

4 œufs moyens ou gros
125 ml (1/2 t.) de noix de Grenoble en morceaux
7 ml (1 1/2 c. à thé) d'extrait d'érable

🍂 Dans une casserole moyenne, amenez le lait, le jus et les raisins au point d'ébullition. Ne les faites pas bouillir. Réduisez la chaleur et gardez au chaud environ 10 minutes.

🍂 Pendant ce temps, préparez la croûte de tarte avec la graisse, la farine et l'eau. Si vous n'en avez jamais fait, suivez le mode de préparation de la pâte brisée à la page 60. Une fois l'abaisse roulée, foncez une assiette à tarte de 23 cm (9 pouces). Laissez en attente au réfrigérateur.

🍎 Dans un bol moyen, mélangez bien les œufs, les noix de Grenoble et l'extrait d'érable. En remuant, ajoutez lentement la préparation chaude et versez-la dans la croûte.

🍎 Faites cuire sur la grille du bas à 200° C (400° F) pendant 30 minutes. Laissez refroidir quelques heures avant de servir. Servez bien frais.

* Voir «fruits séchés» dans la liste des ingrédients au début du livre.

** Voir la liste des ingrédients au début du livre.

Table des matières

* Recettes basses calories.

M es «sucrées» de bonnes idées...